Hallo liebe Malfreunde,

in diesem Buch finden sie
36 einseitig bedruckte Bögen mit
Tier - Ausmalmotiven
in einer Art Tattoostil.

Auf den Seiten 2 bis 5 sehen sie eine Galerie
mit bereits ausgemalten Motiven
in verkleinerter Form - als Beispiel zur
Anregung oder Orientierung.

Ich wünsche ihnen viel Spass und Entspannung
beim Ausmalen meiner Motive.

Mit besten Grüssen
Mirko Krajewski

Seite 25 Seite 27 Seite 29
Seite 31 Seite 33 Seite 35
Seite 37 Seite 39 Seite 41

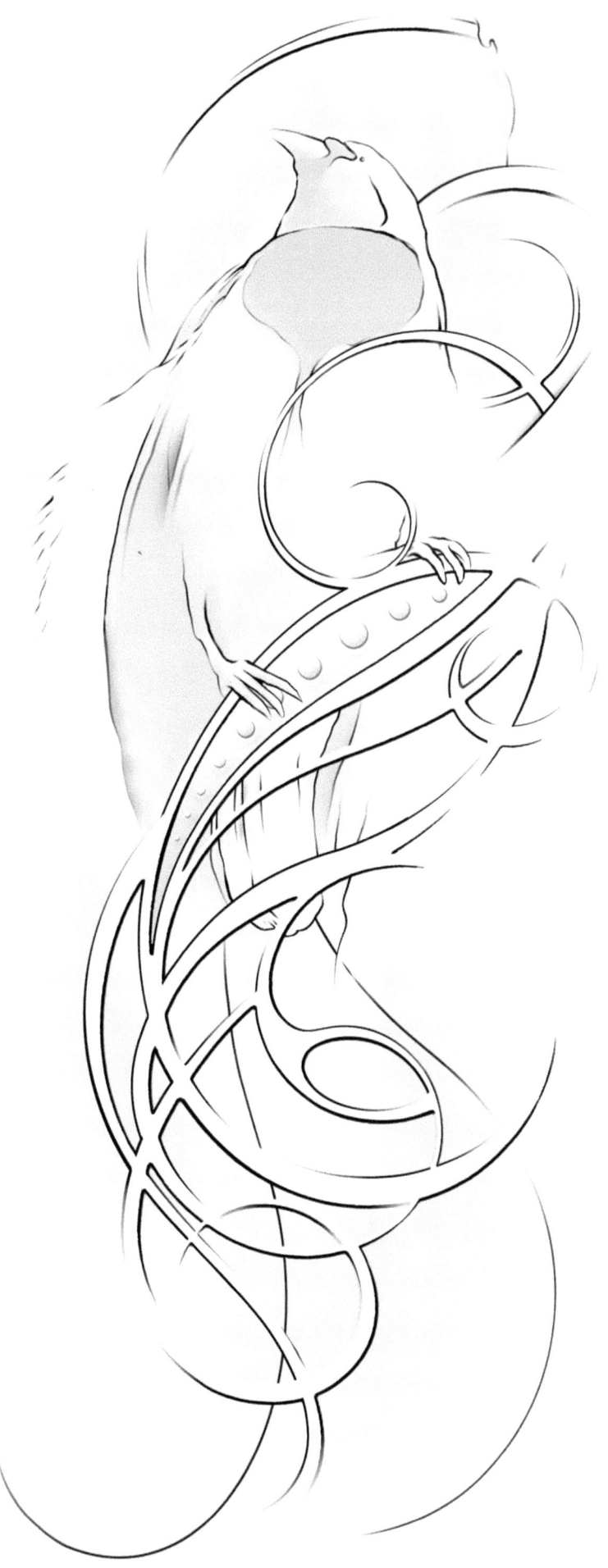

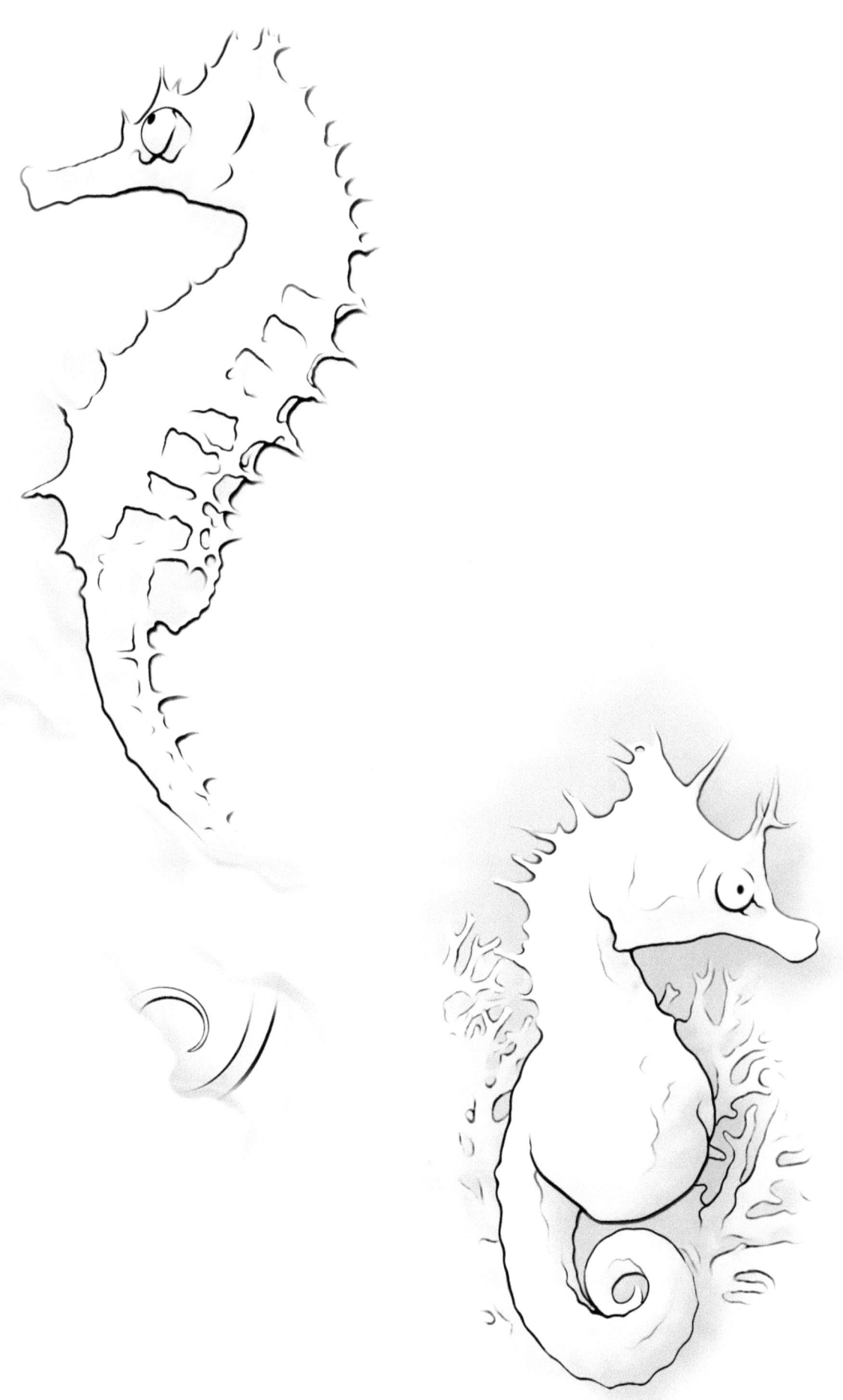

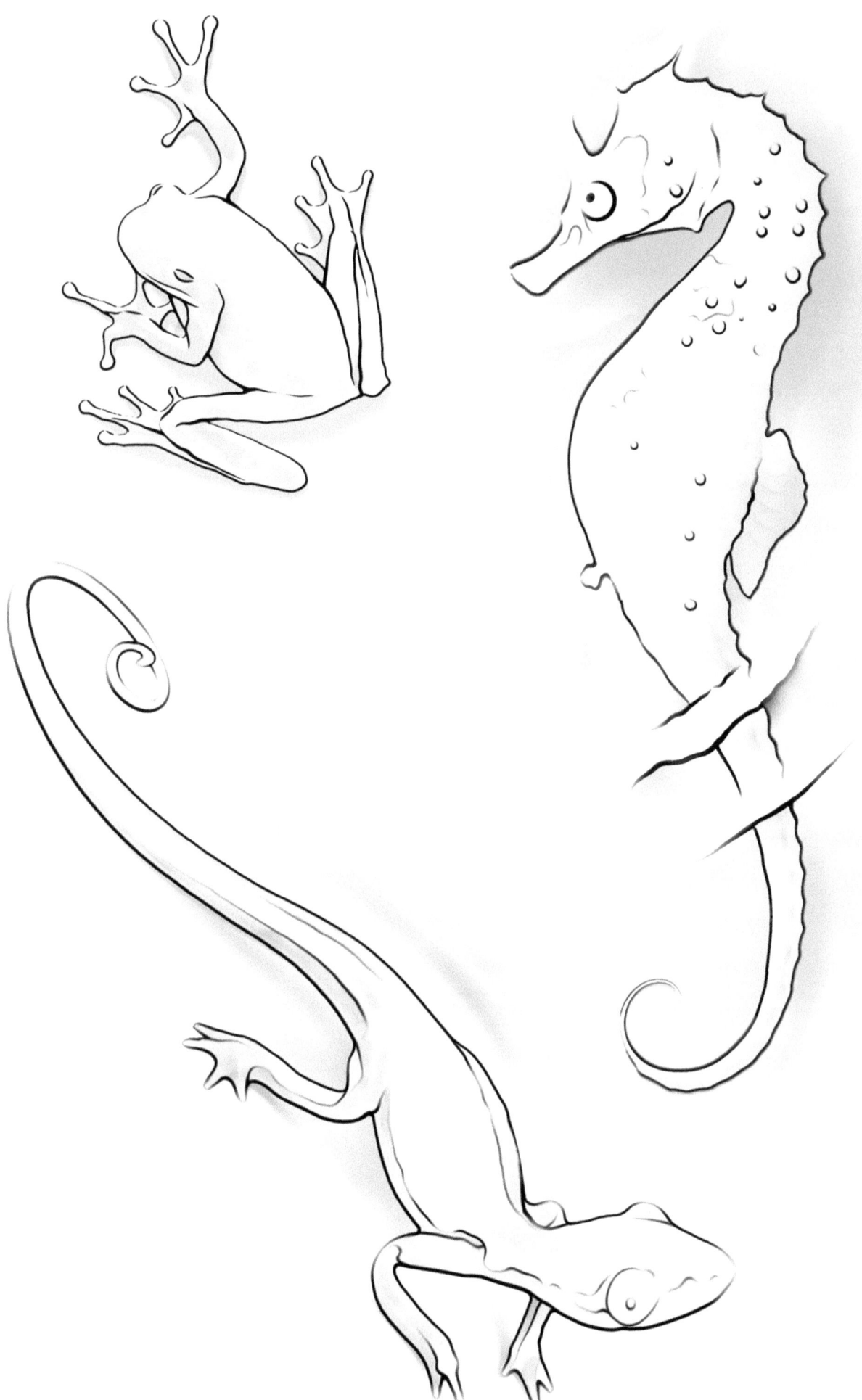

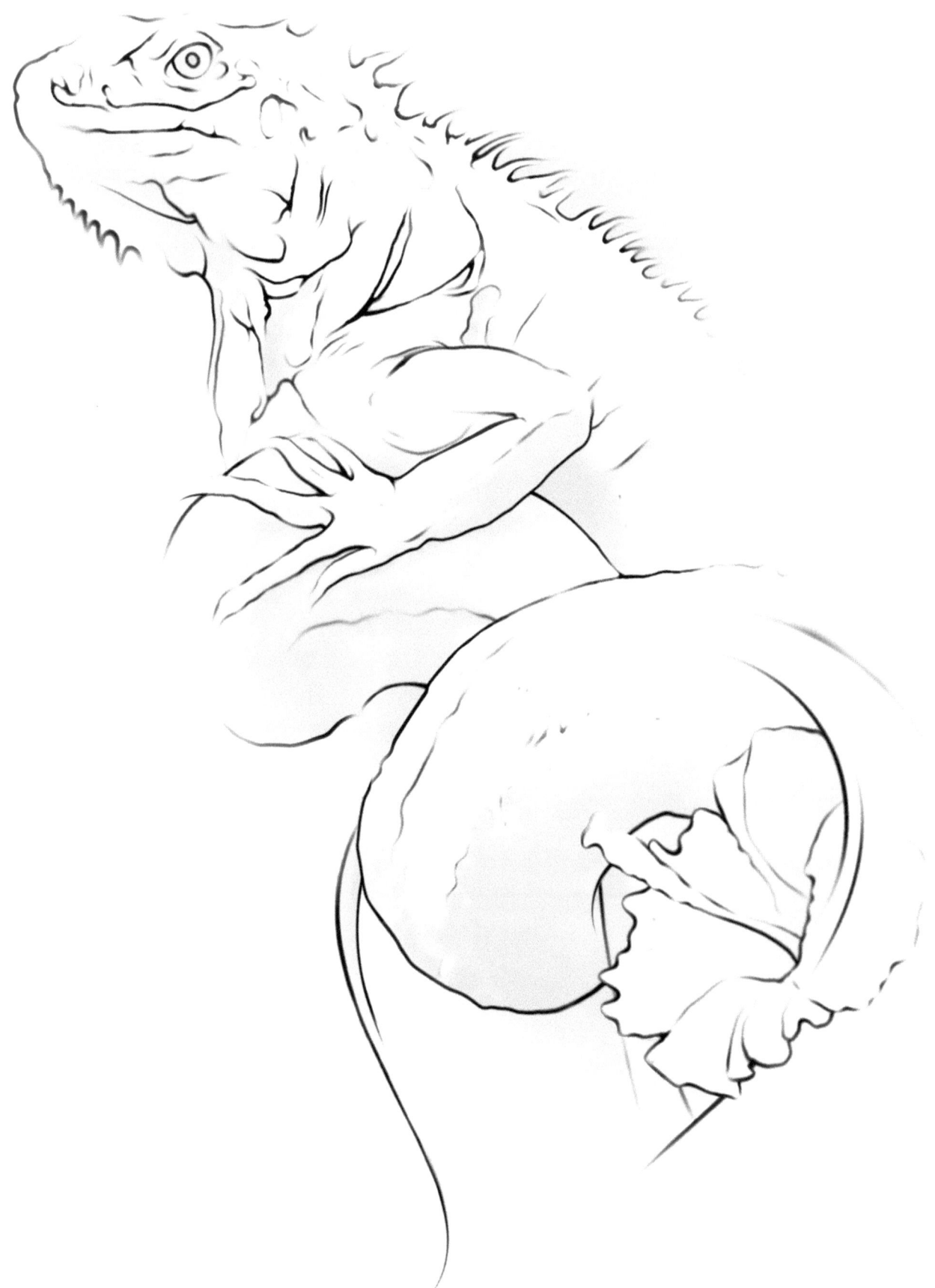

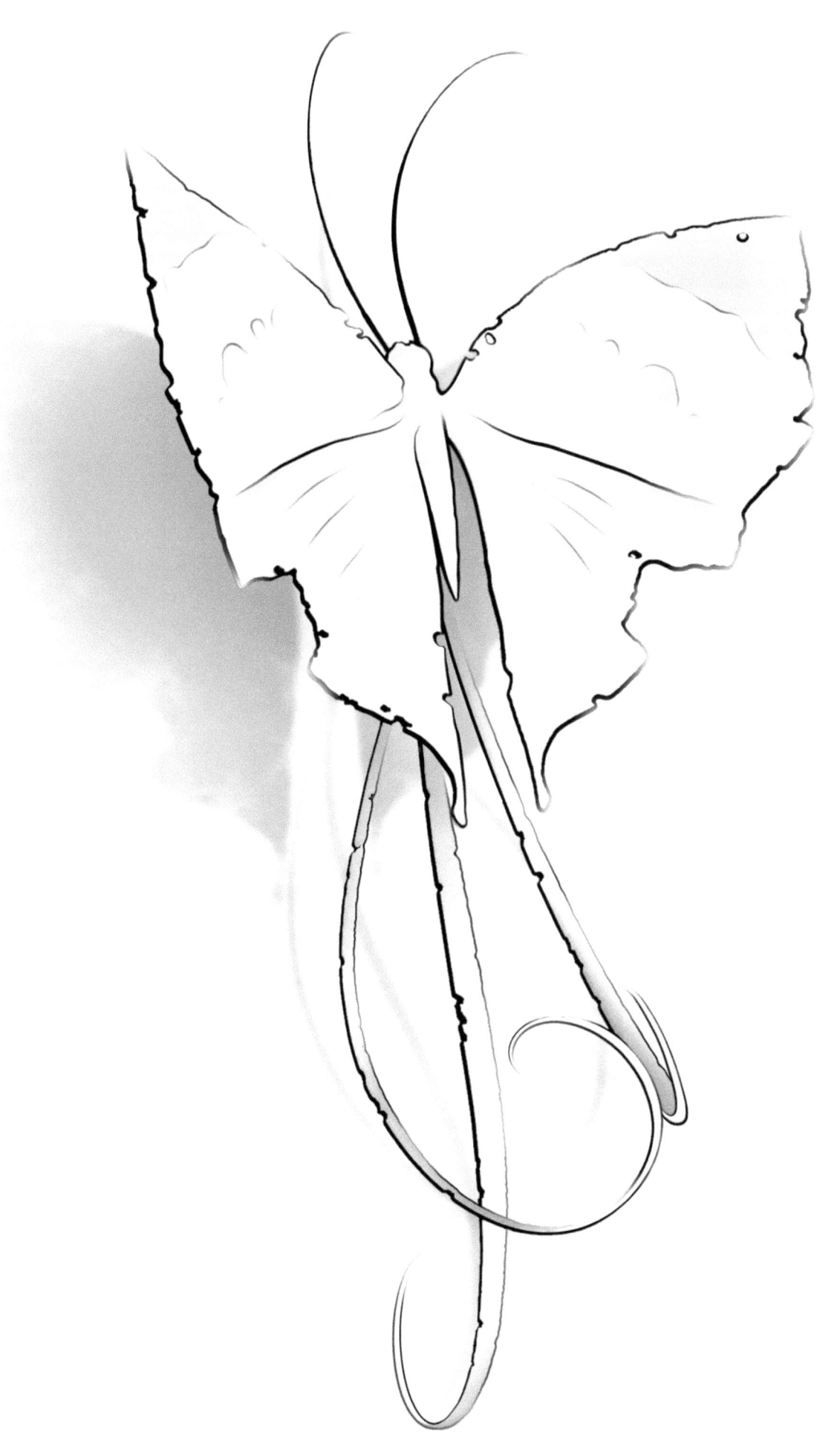

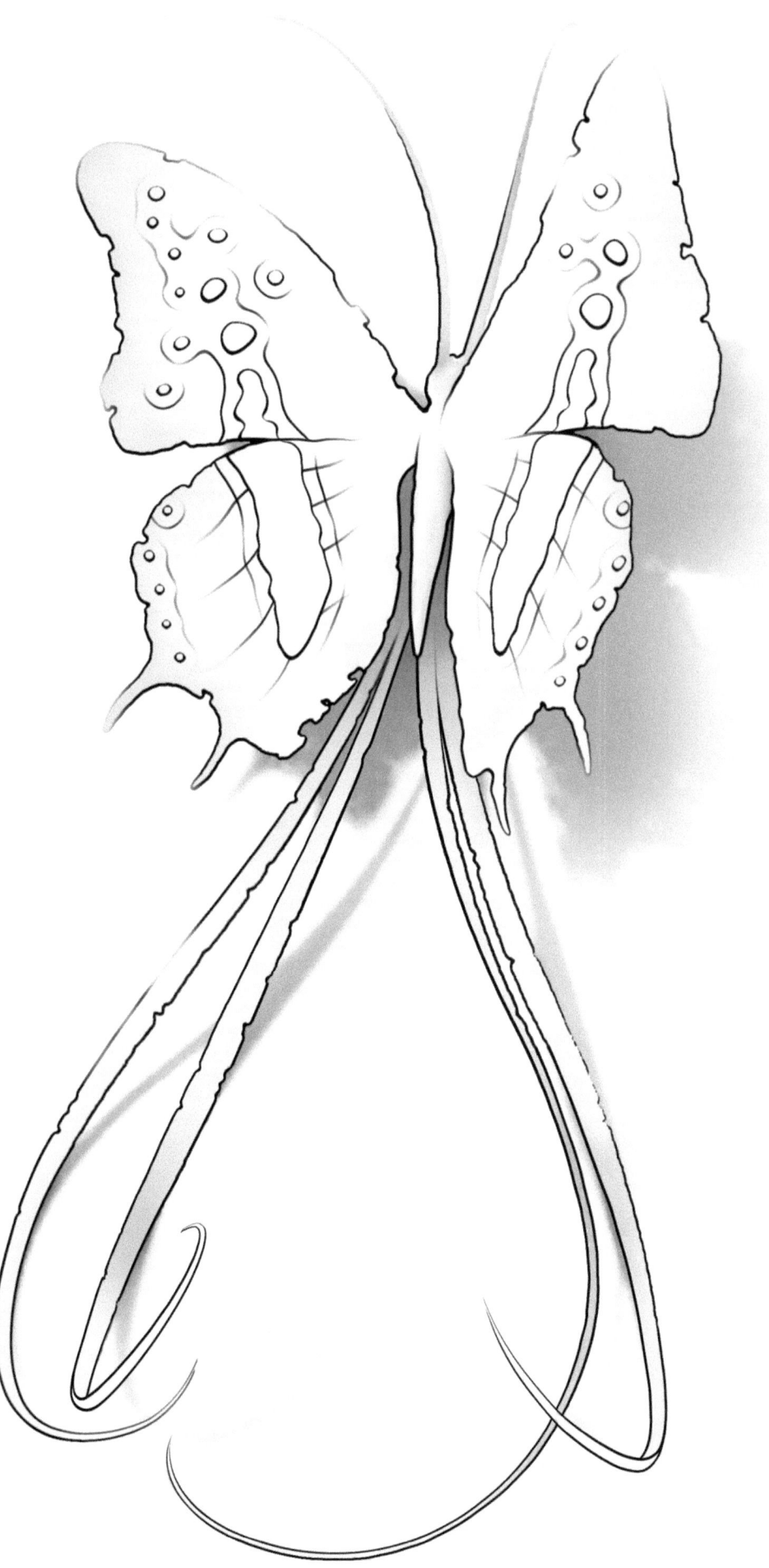

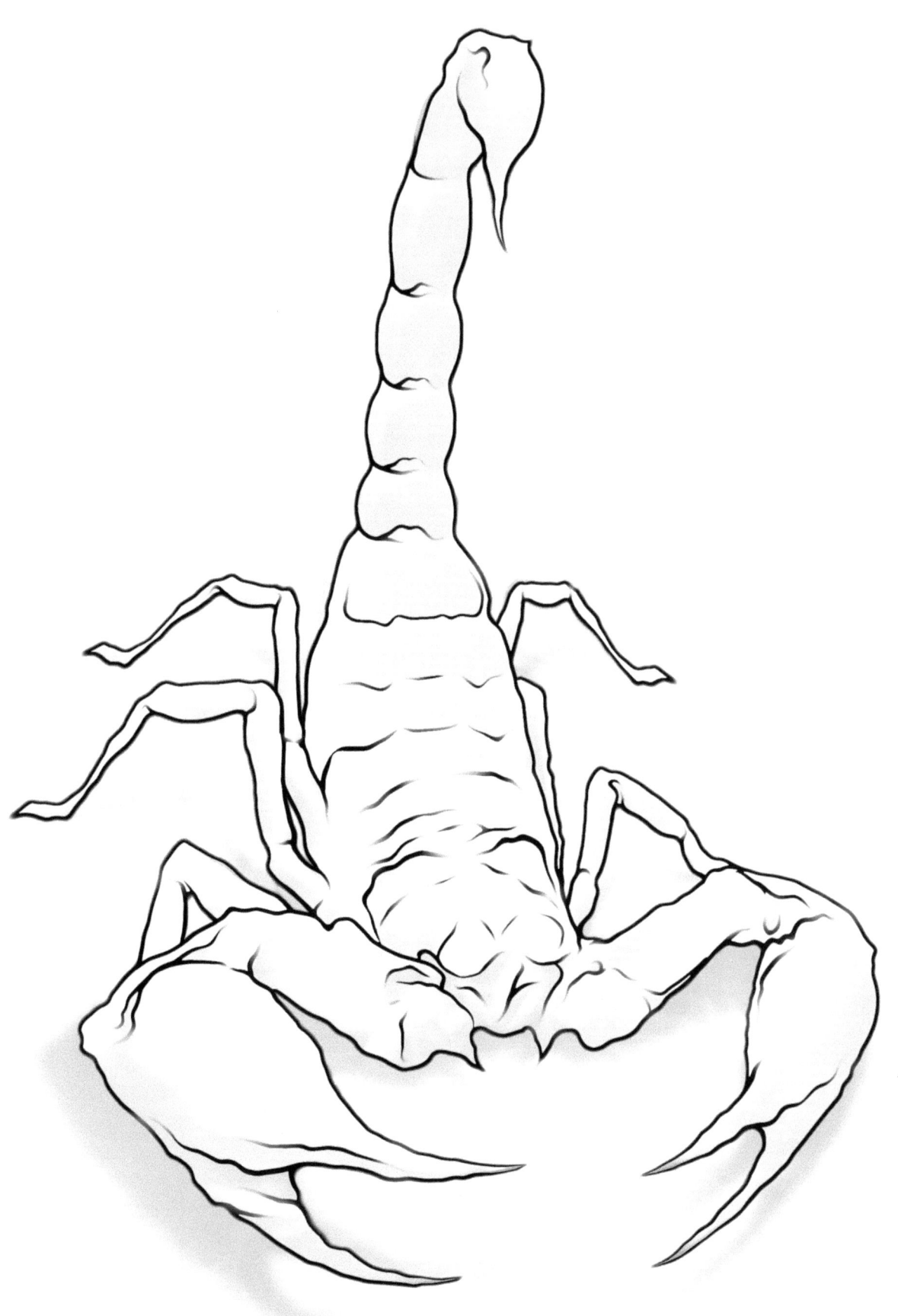

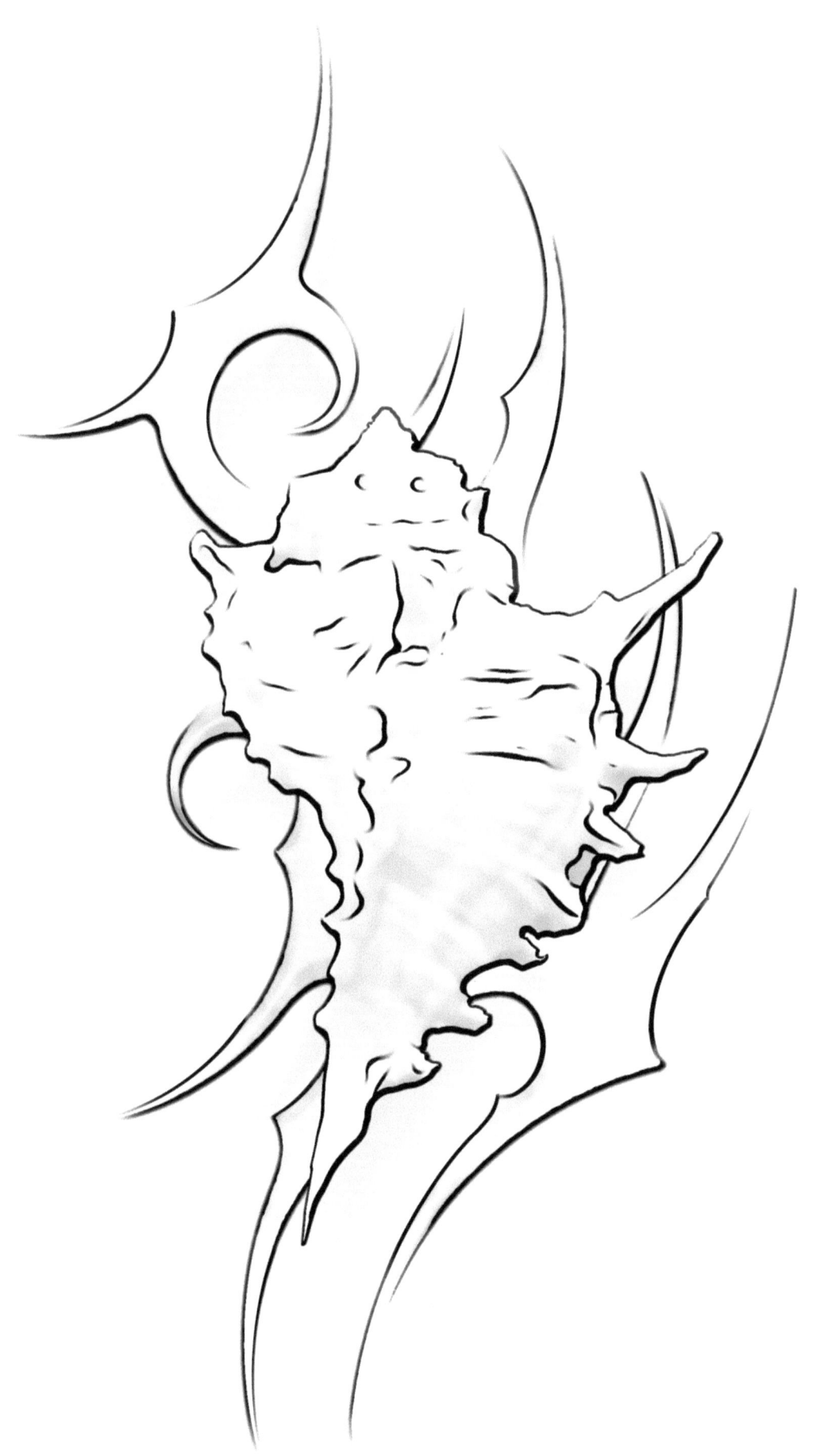

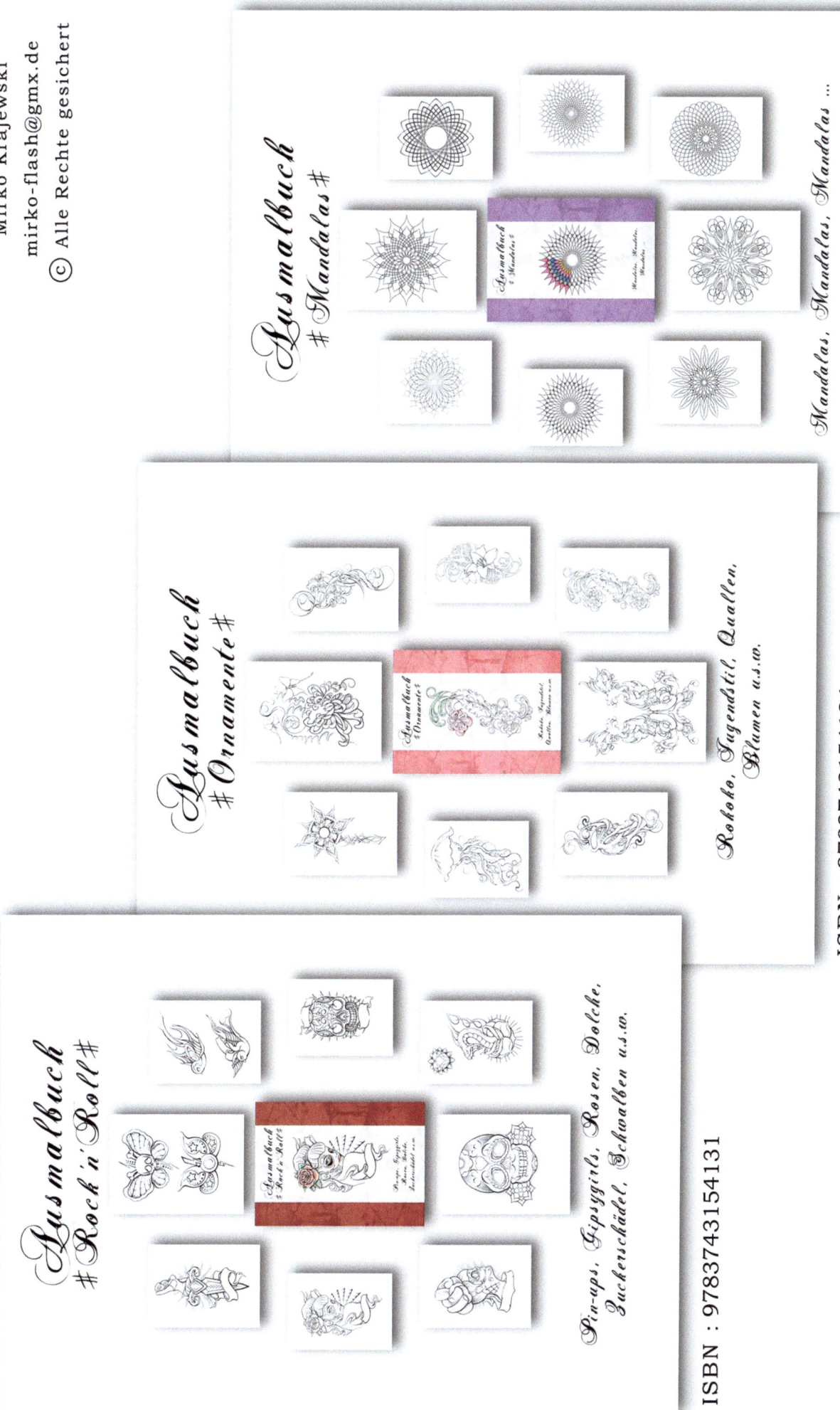

Herstellung und Verlag:
BoD - Books on Demand, Norderstedt
ISBN 978-3-7431-5409-4